DIE REIHE
Archivbilder

MEMMINGEN

Eine der beliebtesten Postkartenansichten Memmingens ist die vom mittleren Turm des Rathauses über den Marktplatz zur Martinskirche. Die von der Sonthofener Fotografin Lala Aufsberg erstellte Aufnahme spannt den Bogen vom Regierungssitz und Versammlungsort der Reichsstadt Memmingen hinüber zu Memmingens Hauptkirche, die im beginnenden 16. Jahrhundert zum Zentrum der Reformation in Memmingen geworden ist. Die Silhouette der katholischen Stadtpfarrkirche St. Josef führt in die moderne Memminger Stadtgeschichte – geprägt von Bevölkerungswachstum, Erweiterung des Siedlungsgebietes und Wandel der konfessionellen Zusammensetzung der Bürgerschaft.

DIE REIHE
Archivbilder

MEMMINGEN

Christoph Engelhard

SUTTON
VERLAG

Markttreiben

Sutton Verlag GmbH

Hochheimer Straße 59

99094 Erfurt

www.suttonverlag.de

Copyright © Sutton Verlag, 2009

ISBN: 978-3-86680-476-0

Druck: Books on Demand GmbH, Norderstedt, Deutschland

4

Inhaltsverzeichnis

Einleitung

Bürger- und Patrizierhäuser, Kirchen und Klöster in Memmingens Altstadt zeugen von einer reichen mittelalterlichen und frühneuzeitlichen Geschichte der schwäbischen Stadt, die aus einer staufisch-welfischen Siedlung um St. Martin und den Marktplatz hervorging und sich nach Konradins Hinrichtung 1268 im 13./14. Jahrhundert zur Reichsstadt entwickelte. Die Bestätigung der Stadtrechte 1286 durch König Rudolf I. von Habsburg war ein erster Meilenstein, dem weitere Privilegien folgten (u.a. Blutbann 1403/1438). Während die bauliche Stadtentwicklung um die Mitte des 15. Jahrhunderts weitgehend abgeschlossen war, gestalteten zwischen 1347 und 1551 die bürgerlichen Zünfte zusammen mit der Großzunft der Patrizier Leben und Wohl der Bürgerschaft. Memminger Händler waren an wichtigen europäischen Handelsplätzen vertreten; Unternehmungen der Vöhlin-Welser-Gesellschaft reichten bis in die Neue Welt. Der Wohlstand von Stadt und Bürgern dokumentiert sich im Erwerb von Gütern und Rechten im Umland und in zahlreichen religiösen oder wohltätigen Stiftungen. Kaiser und Könige weilten mehrfach in ihrer und des Heiligen Römischen Reiches Stadt.

Früh fand in der Reichsstadt reformatorisches Gedankengut große Zustimmung. So verwundert es nicht, dass sich im März 1525 die Vertreter der Baltringer, Allgäuer und Bodenseer Bauern in der Memminger Kramerzunftstube versammelten und die „Zwölf Artikel" verabschiedeten, die zu einem Vorläufer der demokratischen Verfassungen Deutschlands geworden sind. Mitautor der Schrift war der Kürschnergeselle Sebastian Lotzer, der geistig und religiös stark vom Memminger Reformator Christoph Schappeler geprägt war. Zusammen mit Straßburg, Konstanz und Lindau bekannte sich Memmingen zur sogenannten Confessio Tetrapolitana, die jedoch auf dem Augsburger Reichstag 1530 auf Ablehnung stieß. Das reichsstädtische Kirchenwesen erhielt in den folgenden Jahren eine evangelisch-lutherische Prägung. Zwar gelang es Memmingen in der Frühen Neuzeit nicht mehr, an die spätmittelalterlichen Erfolge anzuknüpfen, doch zeugt die moderne Ausgestaltung der sakralen und profanen Lebenswelten in Zeiten von Renaissance und Barock von der Kraft des reichsstädtischen Gemeinwesens und ihrer Familien – jenseits der Heimsuchungen durch Kriege oder Epidemien.

Am wirtschaftlichen Aufschwung des 19. Jahrhunderts nahm die alte Reichsstadt, seit 1802 dem Kurfürstentum Bayern einverleibt, erst mit einer großen Verzögerung teil. Zu schwer wirkten die Folgen der Napoleonischen Kriege, der hohen Verschuldung und der Mediatisierung, durch welche Umland und Zentralität verloren ging und die Stadt zur Grenzstadt und zum Empfänger königlicher Entscheidungen geworden war. Königliche Gerichte entschieden nun in Straf- und Zivilangelegenheiten; königliche Rentämter trieben Steuern ein; der königliche Polizeikommissar überwachte die Entscheidungen des Stadtmagistrats. Die männlichen Bürger der Stadt hatten in bayerischer Armee und Landwehr ihren Dienst zu tun. Aus einer evangelisch-lutherischen Reichsstadt wurde nun eine konfessionell gemischte Stadt, in die aus dem Umland überwiegend katholische Menschen zuzogen. Das Schulwesen wurde entsprechend bayerischer Vorgaben reformiert, die bis ins Mittelalter zurückreichenden Sozial- und Stiftungseinrichtungen wurden zentralisiert und zeitweise einer staatlichen Administration unterstellt.

Mitte des 19. Jahrhunderts musste der Anschluss ans moderne Eisenbahnwegenetz selbst finanziert und erstritten werden. 1862/63 wurde die Eisenbahnlinie Ulm–Kempten eröffnet, der später noch eine Querverbindung zwischen Buchloe und Kempten sowie Lokalbahnen nach Ottobeuren und Legau folgen sollten. Ein beachtlicher wirtschaftlicher Aufschwung setzte ein; zahlreiche mittelständische Betriebe ließen sich in Memmingen nieder. Die Stadt veränderte ihr Gesicht, ohne ihren Charakter zu verlieren oder gewachsene Strukturen aufzugeben: In Maximilianstraße, Weinmarkt, Kalchstraße oder Kramerstraße entstanden moderne Geschäftsräume, mitunter auch Neubauten. Einige Tore und Türme der alten Stadtmauer wurden abgebrochen, um Verbindungen zwischen den Wohnhäusern innerhalb der Altstadt und den Gewerbegebieten, aber auch den Wohnbereichen im Bereich der früheren Stadtteter und ehemaligen Hopfengärten zu schaffen. Die Stadt sorgte für eine moderne Infrastruktur (Gas- und Wasserversorgung, Bauhof und Feuerlöschgerätehaus, Friedhofserweiterung, Pflasterung der Straßen und Plätze, Schrannenhallen, Schlachthaus) und bedarfsgerechte Bildungs-, Kultur- und Freizeiteinrichtungen (Volks- und weiterführende Schulen, Theater, Turnhalle, Stadtbad). Memmingen wurde Sitz von Behörden und Gerichten der unteren und mittleren Ebene, deren Gebäude innerhalb und außerhalb des Stadtmauerringes so manches Stadtquartier prägten (Hallamt, Rentamt, Landgericht, Amtsgericht, Landbauamt, Bahn und Post, Reichsbankfiliale). Einrichtungen der Armen- und Gesundheitsfürsorge entwickelten eine Ausstrahlung weit über die Stadtgrenzen hinaus. Kirchengemeinden und Vereine belebten das Bild und den Alltag der Stadt, deren Einwohnerzahlen kontinuierlich anstiegen (1852: 6.607, 1900: 10.889 und 1939: 16.191 Einwohner). Um den Wohnungsbedarf zu decken, errichteten Stadt, Baugenossenschaften und Unternehmer in Ergänzung zum privaten Eigenheimbau Wohnanlagen in den neuen Stadtquartieren.

Die Integration in den Flächenstaat Bayern war nicht ohne Ressentiments geblieben – sichtbar auch in einer immer wiederkehrenden Erinnerung an reichsstädtische Traditionen, vor allem seit dem ausgehenden 19. Jahrhundert in den historisierenden Ausgestaltungen der Heimatfeste Kinderfest und Fischertag.

Wie überall bereiteten Erster Weltkrieg und Wirtschaftskrisen dem wirtschaftlichen Aufschwung ein vorläufiges Ende; so manche Firma ging in Konkurs; soziale Spannungen verstärkten sich. Nationalsozialismus und Zweiter Weltkrieg hinterließen in Stadtgeschichte und Stadtbild traurige Spuren der Intoleranz, Ausgrenzung und Zerstörung.

Nach 1945 fanden zahlreiche Flüchtlinge und Heimatvertriebene in Memmingen Aufnahme. Die Einwohnerzahlen stiegen rasch von 16.000 (1939) auf heute über 41.000. Neue Stadtteile entstanden im Westen und Osten, begleitet von einer Stärkung der Wirtschaftskraft und wichtigen Infrastrukturverbesserungen (Bau von Ringstraßen, Planung der Autobahntrassen, Industriegebiet im Norden, Fußgängerzone in der Altstadt, Sanierung der Gas- und Wasserversorgung, Neubau und Erweiterung von Krankenhaus, Schulbauten, Freizeit- und Sporteinrichtungen, Theaterzweckverband). Im Rahmen der bayerischen Gebietsreform wurde 1972 bis 1978 eine Reihe benachbarter Gemeinden eingemeindet und damit das Bezugsgebiet kommunaler Entscheidungen wesentlich erweitert.

1
Über den Dächern der Altstadt

Ein schmaler Turm nahe der Maximilianstraße bietet einen umfassenden Blick über die Dächer der Memminger Altstadt. Einst war der Turm Teil der Stadtbefestigung, ehe die südliche Altstadt (Theaterplatz, Schrannenplatz, Frauenkirchplatz) einverleibt wurden. Der Blick reicht über Bürger- und Zunfthäuser am Weinmarkt hinüber nach St. Martin.

Im Norden stehen die Kreuzherrnkirche mit ihrem oktogonalen Turmabschluss (Oberhospital) und das Unterhospital, das ehemals reichsstädtische Spital. Der einstige Spitalhof (Hallhof) erhielt um 1900 eine parkähnliche Gestalt mit hohen, ausladenden Bäumen. Seit 1856 hat am westlichen Platzabschluss das Landgericht seinen Sitz; die Fassade schmückt eine Büste König Maximilians II. von Bayern.

Nach Süden geht der Blick vom Turm an der Maximilianstraße über das Gerberviertel bis zur Frauenkirche. Ihre Geschichte reicht in die Frühgeschichte Memmingens zurück. Im Zuge der Reformation wurde sie zur Simultankirche; seit 1803 ist sie Mittelpunkt der dortigen evangelisch-lutherischen Gemeinde.

Auch vom Dach der 1911 errichteten Mittelschule an der Buxacher Straße kann man die Dächerlandschaft Memmingens überblicken. Hinter Westertor und Flachvilla ragen Kirchenschiff und Turm von St. Martin empor.

Vom Turm der Martinskirche lässt sich die Dächerlandschaft der Ulmer Vorstadt erkunden, die Mitte des 15. Jahrhunderts in den Mauerring eingebunden wurde. Unschwer zu erkennen ist das Ulmer Tor als nördlichster Punkt der Altstadt.

Bis 1928 war der oktogonale Abschluss des Martinsturmes im Eigentum der Stadt, hatte dort oben doch der (reichs-)städtische Türmer ein (meist) wachsames Auge auf die Häuser seiner Mitbürger.

2

Stadtmauer und Stadttore

Memmingens Stadtbild ist in weiten Teilen unverändert erhalten. Im Zuge von Bahnanbindung und einer allmählichen Ausweitung von Wohn- und Gewerbegebieten schienen aber Maueröffnungen unumgänglich, denen einige Stadttore und Mauerpassagen zum Opfer fielen. Johannes Klotz, Memmingens erster Fotograf, hat mit seinen Fotografien viele der noch unberührten Altstadtensembles dokumentiert, hier ein Wachhäuschen inmitten von Hopfengärten vor dem Ulmer Tor (1863).

Vor allem der Bau von Bahngleisen und Bahnhof verursachte eine großzügige Öffnung der östlichen Stadtmauer; vom ehemaligen Pulverturm blieb nur der Stumpf erhalten, der 1861 zum Aussichtsturm mit Café umgebaut wurde.

Als Teil eines der ältesten mittelalterlichen Abschnitte der Stadtbefestigung ist der Hexenturm erhalten – hier (1911) noch umgeben von der Bebauung des 19. Jahrhunderts mit dem hohen Dach des Rathauses im Hintergrund.

1862 wurde das Kalchtor an der Ausfallstraße nach Augsburg bzw. München abgetragen.

Im Rahmen der Belagerung der schwedisch besetzten Reichsstadt 1647 durch kaiserliche und bayerische Regimenter wurde das Lindauer Tor so schwer beschädigt, dass es nicht mehr in seiner ursprünglichen turmartigen Erscheinung wiedererrichtet werden konnte.

Auch das Westertor wurde im Rahmen der Belagerung 1647 schwer beschädigt; sein wenig später erfolgter, erheblich kleinerer, aber moderner Wiederaufbau orientiert sich an der Form des Martinsturmes.

Hinter dem kleinen Zwingerturm (in der Bildmitte) erscheinen bürgerliche Häuser rund um die Martinskirche. Vor der Stadtmauer wird Hopfen angebaut.

Am Einlass konnten Personen zu Reichsstadtzeiten auch nach Schließung der Haupttore die Stadt betreten. Die Aufnahme von 1910 zeigt das Stadttor und links daneben das Zollergartenhäuschen.

Bereits kurz nach der Mediatisierung der Reichsstadt 1802 wurden Alleen und Grünflächen im ehemaligen, nun funktionslosen Graben errichtet, die die Memminger Bürgerinnen und Bürger zu sonntäglichen Spaziergängen einluden, hier vor der Ulmer Vorstadt am Lueg ins Land (oben) und am Kuhberg unweit des Ulmer Tores (unten), wo der Stadtbach die Altstadt verlässt und als Memminger Ach gen Heimertingen fließt.

Das spätmittelalterliche Kempter Tor blieb – auch durch Intervention des königlichen Hauses gegen Ende des 19. Jahrhunderts – erhalten. In dankbarer Erinnerung daran erhielt Kronprinz Ludwig bei seinem Besuch in Memmingen 1905 ein silbernes Modell des Tores.

Die ursprüngliche Funktion der Stadtbefestigung zeigt sich an der Hohen Wacht, wo der Wehrgang an der Mauer, aber auch die Grabensituation außerhalb des Mauerringes noch gut zu erkennen ist – auch wenn das Wasser bereits aus dem Graben abgelassen wurde.

Zwei Kasernen beherbergten nördlich des sogenannten Soldatenturmes von 1702 bis 1704 kurbayerische Truppen. Eine der beiden, die nördliche oder sogenannte Schwarze Kaserne, brannte 1898 ab.

3

Am Stadtbach

Seit der Frühgeschichte der Stadt fließt die Memminger Ach – aus dem Benninger Ried kommend – durch die Stadt. Der Stadtbach trieb einst zahlreiche Mühlräder vor und hinter den Stadtmauern an und verleiht den angrenzenden Gassen der Altstadt einen besonderen, unverwechselbaren Reiz. Die Obere Bachgasse führt vom Schrannenplatz zum Roßmarkt (in der Bildmitte Furtenbachhaus, Eichhaus und Kramerzunft).

Entlang der Unteren Bachgasse gelangt
man vom Roßmarkt zum Marktplatz.

Beim sogenannten Greifenloch (Bildmitte hinter der Brücke) unweit des Einlasses läuft der Stadtbach durch die Ulmer Vorstadt und treibt ...

... die Räder der Wiesmühle an, ehe er unterhalb des Ulmer Tores die Altstadt verlässt.

In der großen Stube des Kramerzunfthauses zwischen Stadtbach, Weinmarkt und Kreuzstraße versammelten sich im März 1525 Allgäuer, Bodenseer und Baltringer Bauern, um unter Berufung auf göttliches Recht ihre Forderungen nach mehr Freiheit und Gerechtigkeit in „Zwölf Artikeln" zu formulieren.

4

Häuser, Straßen und Plätze
in Alt- und Neustadt

Memmingens Altstadtensembles sind vor allem geprägt von Häusern des 15. und 16. Jahrhunderts; ein typisches Beispiel mit Satteldach und Zwerchhaus steht an der Ecke von Herrenstraße und Fuggergasse – 1932 im Besitz der Maler- und Künstlerfamilie Wilhelm Fackler.

Bis 1899 bestand am Schweizerberg keine Möglichkeit, die Stadt zu verlassen. Erst im Zuge der planmäßigen Erweiterung nach Westen wurde das Haus (hier in der Bildmitte) zwischen dem Haus des jüdischen Religionslehrers (links) und dem Rabenkeller abgebrochen und eine Durchfahrt geschaffen.

Unterhalb des ab 1581 von der Augsburger Kaufmannsfamilie errichteten und unvollendet gebliebenen sogenannten Fuggerbaues flanieren Bürgerinnen und Bürger über den neu gepflasterten Roßmarkt. Die Aufnahme stammt aus dem Jahre 1910.

In der Herrenstraße, einer der historisch ältesten Straßenzüge, führen die hohen ehemals patrizischen Häuser aus dem Spätmittelalter zum barocken Palais Benedikts von Herman, der am Handelsplatz Venedig zu einigem Reichtum gelangt war und sich 1766 nach dortigen Vorbildern in der Reichsstadt ein Stadthaus errichten ließ.

Bis zur Reformationszeit war das Antonierhaus Niederlassung der Antoniter, einer Chorherrengemeinschaft, die sich an vielen Orten Europas der Behandlung an Mutterkornbrand Erkrankter gewidmet hatte. Seit dem beginnenden 19. Jahrhundert war das Haus in Privathand; die verschiedenen Nutzungen nagten sehr an der Bausubstanz des bedeutenden Denkmals.

Durch das Eingangstor gelangt man hinaus zu Fuggergasse und Martin-Luther-Platz, wo sich neben der Kapelle der Antoniter (heute Kinderlehrkirche) die Stadtpfarrkirche St. Martin erhebt. Anstelle eines alten Zehntstadels wurde das Areal um die Jahrhundertwende mit Bäumen bepflanzt.

Auf beiden Seiten der Ulmer Straße (aufgenommen um 1891) reihen sich bis zum abschließenden Ulmer Tor Patrizier- und Bürgerhäuser, auf der linken Seite das Gasthaus „Zum Schwarzen Ochsen", dahinter das Parishaus und das Grimmelhaus.

Zwischen 1810 und 1862 befand sich die königlich-bayerische Post in der Kalch-straße. Die Aufnahme mit der Postkutsche inmitten des spätmittelalterlichen Straßenverlaufes stammt jedoch aus späterer Zeit, als die Post bereits in ihren Neubau beim Bahnhof (heute Alte Post) umgezogen war.

In der Kramerstraße – der nord-
südlichen Hauptstraße durch
Memmingen – reihen sich Einzelhan-
delshäuser aneinander.

Am Schrannenplatz konzentrierte sich ein einst bedeutender Wirtschaftszweig – der Handel mit
Getreide aus dem Memminger Umland. Die Stadt ließ dafür 1871/72 die ehemaligen Kornhäuser von
Reichsstadt und reichsstädtischer Unterhospitalstiftung abbrechen und getrennt für Winter- (hier
rechts im Bild) und Sommergetreide neu errichten. Die Aufnahme stammt aus dem Jahre 1910.

Bis zur Bombardierung der Stadt 1945 stand das 1932 fotografierte Gerberhaus an der Lindentor-straße. Der hohe Dachstuhl dahinter beschützte einst die sogenannte Lindenfärbe.

Wegen seiner auffälligen Dachkonstrukti-on wurde das Siebendächerhaus – ein 1601 errichtetes Gerberhaus – zu einem der sieben Wahrzeichen Memmingens. Die Aufnahme von 1932 zeigt seine ursprüngliche Gestalt vor der Beschädigung des Hauses während der Bombardierung Memmingens 1945.

Mit der Errichtung des Bahnhofs 1862 wurde die nach dem bayerischen König benannte Maximilianstraße zur Geschäftsstraße, an der sich in den folgenden Jahren Kaufhäuser, Banken und Gaststätten ansiedelten. Die Aufnahme stammt aus der Zeit des Nationalsozialismus, als einige Hauptstraßen und Plätze nach NS-Größen umbenannt wurden.

Die private Leidenschaft des jüdischen Textilkaufmanns Julius Guggenheimer gehörte der Fotografie. Antisemitismus und Verfolgung drängten ihn 1938 zur Emigration; in den Niederlanden wurde er jedoch verhaftet und später ermordet. In Memmingen blieben viele seiner bemerkenswerten Fotografien erhalten, hier der Mittelbau des Memminger Bahnhofes.

Im Laufe des 19. Jahrhunderts wurde Memmingen zum Knotenpunkt eines grenzüberschreiten-
den Bahnverkehrs zwischen Württemberg und Bayern, ergänzt um einige Lokalbahnen in der
unmittelbaren Umgebung der Stadt. Auf der um 1910 entstandenen Aufnahme sind links die
Bahngleise nach Württemberg, rechts die nach Kempten bzw. nach Ulm und Buchloe zu sehen.
Die Fotografie des Stellwerks (unten) datiert ins Jahr 1891.

Der Distrikt (später Landkreis) Memmingen errichtete 1893 bis 1895 ein Krankenhaus an der Buxacher Straße, das neben dem Krankenhaus der städtischen Wohltätigkeitsstiftungen zur Verbesserung der Krankenversorgung von Stadt und Umland beitrug. Die Krankenpflege im neuen Krankenhaus übernahmen die Schwestern des Roten Kreuzes, während in Pfründe und Bürgerheim Neuendettelsauer Diakonissen tätig waren.

Im Zuge des Bevölkerungswachstums wurden Neubauten für Schulen erforderlich, darunter der zweckorienterte, 1911 vollendete Bau der Mittelschule (später Gymnasium) neben dem Amtsgericht an der Buxacher Straße.

Die anlässlich des Großen Fischertages 1905 erstellte Panoramaaufnahme zeigt Memmingen von Süden. Der Blick reicht von der Martinskirche (links) über Kreuzherrn- und Frauenkirche (in der Bildmitte) bis hinüber ins südöstliche Gewerbegebiet, das sich unweit einiger Mühlwerke entlang der Memminger Ach erstreckte und sich vor allem nach der Verlegung des Güterbahnhofs 1906 und der Errichtung städtischer Industriegleise kontinuierlich vergrößerte.

Seit 1862 war die Firma Haußmann im Bereich einer historischen Tuchwalke und Bleiche im Südosten der Stadt angesiedelt; das Unternehmen konnte sich bis zum Ersten Weltkrieg mehrfach vergrößern und erlangte internationale Bedeutung.

Noch unberührt zeigt sich zu Beginn des 20. Jahrhunderts das Umfeld Memmingens jenseits der Stadtetter, hier im Süden mit der Dickenreiser Allee, fotografiert von Julius Guggenheimer.

5

Arbeitswelten

In jeder Stadt kommt dem Brauereigewerbe besondere Bedeutung zu, was sich auch in der hohen Zahl von Brauereibetrieben zeigt. 1923 errichteten die Gebrüder Rittmayer (wenige Jahre vor dem 100. Jubiläum ihres Betriebes) am Kaisergraben ein modernes Brauhaus, das alle Funktionsbereiche der Bierproduktion unter einem Dach vereinigte und zum neuen Mittelpunkt eines nun auch motorisierten Biervertriebes wurde.

Um 1900 waren zahlreiche Menschen im Hoch- und Tiefbau tätig. Die Infrastrukturmaßnahmen, wie hier die Errichtung einer Eisenbahnbrücke, förderten nicht nur die Zentralität Memmingens, sondern sorgten auch für Arbeitsplätze; die Bevölkerungszahlen stiegen kontinuierlich an und überstiegen zur Jahrhundertwende die Höhe von 10.000.

Ein Frauenabort in der Wirtschaft „Zum Goldenen Roß" zeigt die einfachen hygienischen Bedingungen in einer Gaststätte zu Beginn des 20. Jahrhunderts; 1933 wurde der Abort abgebrochen.

1897 eröffnete im Eckhaus Maximilianstraße-Waldhornstraße August Hummel als Ergänzung zu seiner Delikatessen- und Weinhandlung eine „altdeutsche Wein- und Frühstücksstube" namens „Memminger Mau".

Bauernhäuser innerhalb der Altstadt erinnern an die weithin vergessene Existenz landwirtschaftlicher Betriebe innerhalb des städtischen Umfeldes. Bewirtschaftet wurden die Äcker und Wiesen in den Memminger Stadtettern. Die Aufnahmen zeigen das Anwesen des „Schimmelbauers" (oben) in der Rosengasse sowie einen Viehtrieb an der Hohen Wacht (unten).

Viele Jahrhunderte reicht der Hopfenanbau in den Stadtettern zurück – auf alten Ansichten und Fotografien erkennbar an den zu Gruppen aufgestellten Stangen. Die Konzentration der Hopfenerzeugung in der Hallertau und die geänderte Nutzung der städtischen Flächen für Gewerbe- und Siedlungsbau ab Mitte des 19. Jahrhunderts bereitete diesem einst bedeutenden Wirtschaftszweig ein Ende.

1479 verkaufte die Künstlerfamilie Strigel ihr Haus am Weinmarkt an die Kramerzunft. Die wohl 1512 erstellte gotische Wand- und Deckenvertäfelung umrahmte 1525 die Versammlung der Allgäuer, Baltringer und Bodenseer Bauernhaufen und schmückte bis in die Sechzigerjahre des 20. Jahrhunderts den Versammlungsraum des Gewerbevereins, der 1866 das Gebäude erworben und 1888 im gotischen Stil renoviert hatte.

Märkte sind für eine Stadt von herausragender Bedeutung. Seit 1541 findet jährlich ab Dienstag nach Galli (im Oktober) der dreitägige Jahrmarkt statt. Begleitet wird der „Krämermarkt" (hier Buden und Verkaufsstände am Roßmarkt) von Fahrgeschäften, Schieß- und Schaubuden. Die Aufnahme zeigt den Jahrmarkt in den letzten Jahren des 19. Jahrhunderts.

Der Handel mit Rindern und Pferden war bis Mitte des 19. Jahrhunderts eher unbedeutend. 1863 führte die Stadt wöchentliche Märkte ein. Mit dem Anschluss ans Eisenbahnnetz wurde Memmingen zu einem bedeutenden Handelsplatz für Nutztiere und schuf 1929 mit einem modernen Schlacht- und Viehhof die nötige Infrastruktur.

Memmingen war seit Jahrhunderten regionaler Handelsmittelpunkt. Den Transport vor Ort übernahmen Fuhrleute, die regelmäßig zwischen Stadt und Umland verkehrten. Vor allem der Weinmarkt bot mit seiner großen Fläche genügend Stellfläche für die zahlreichen Fuhrwerke und in seinem näheren Umfeld Gaststätten zur Verköstigung.

6

Lebenswelten zwischen Kindergarten, Schule und Freizeit

1848 eröffnete der Memminger Stadtmagistrat erstmals eine Kinderbewahranstalt, die zunächst im Schulgebäude am Hallhof, dann ab 1863 im östlichen Teil der Armen- und Beschäftigungsanstalt am Reichshain untergebracht war. Aufnahme von 1913/14.

Die Fotografie von 1897/98 zeigt die im Reichsrain versammelte Kinderschar und ihr zeittypisches Spielgerät.

Auf Betreiben des Stadtmagistrats kamen ab 1871 Neuendettelsauer Diakonissen nach Memmingen, um hier in der Kranken- und Altenpflege, aber auch in Kinderbewahranstalt, Kinderkrippe und Jugendhort zu wirken. Die Aufnahme von 1917/18 zeigt die Hortkinder bei der Pfründeanstalt.

Eine Badeanstalt eröffnete die Stadt erst gegen Ende des 19. Jahrhunderts. Bis dahin und noch viele Jahre darüber hinaus hatte sommerliches Badevergnügen an den vielen Bächen und Seen in Memmingens Umgebung seinen Platz.

Die Hänge im Süden Memmingens luden im Winter Jung und Alt zum Schlittenfahren ein, die Aufnahme aus dem Jahre 1910 zeigt eine Rodelbahn am Dickenreis.

Ein von Stadt und Verschönerungsverein errichteter Aussichtsturm gewährte ab 1904 am Hühnerberg freie Sicht ins Memminger Umland und bis in die Alpen. 1908 wurde der neugotische Turm in Erinnerung an den zehn Jahre zuvor verstorbenen Reichskanzler und Memminger Ehrenbürger feierlich in „Bismarckturm" umbenannt.

Nach der Gründung eines Turnvereins 1859 errichtete die Stadt 1865 am Ratzengraben neben Bauhof und Feuerwehrgerätehaus (im Vordergrund) eine Turnhalle (im Hintergrund), sodass die männlichen und weiblichen Mitglieder des Turnvereins nun ihre Übungen wetterunabhängig ausführen konnten.

7

Memminger Kinderfest

Das Kinderfest ist Memmingens ältestes Fest, dessen mittelalterliche Ursprünge allerdings im Dunkeln liegen. 1571 ist die Auszeichnung der Schulkinder zum Ende eines Schuljahres (Donnerstag nach Pfingsten) erstmals schriftlich erwähnt. Zwei Gemälde von Elias Friedrich Küchlin (um 1790) dienten um 1900 als Vorbild für die historische Kleidung einer Knaben- und einer Mädchenklasse.

Der eigentliche Kern des Schulfestes – die Belohnung der Schulkinder – hat sich bis in die Gegenwart erhalten. Am Vormittag finden Gottesdienste statt, anschließend singen und tanzen die Schulkinder auf dem Marktplatz. Am Nachmittag ziehen sie festlich gekleidet durch die Straßen – hier Weberstraße – zum Reichshain; seit 1931 zum Stadion.

Der Tradition des Festes wird große Bedeutung zugemessen. Über Jahrhunderte wurden an seinem Ablauf nur wenige Änderungen vollzogen, darunter 1789/90 die Abschaffung des Brauches, die besten Schülerinnen und Schüler zu Königinnen und Königen zu küren. Die beiden Aufnahmen zeigen Festzug und Spielwiese 1928 und 1929.

Auf dem Reichshain fanden Tanzvorführungen statt – in „moderner" Manier oder in Nachahmung von Reigentänzen, wie sie auf Gemälden des 18. Jahrhunderts zu sehen sind.

Die Zeit des Nationalsozialismus beeinflusste auch Memmingens Schulfest, sichtbar am geordneten

Festzug von teils uniformierten Kindern und Lehrern, hier beim Kinderfest 1936.

Symbole des Kinderfestes sind die „Stängele", wohl entstanden aus den geschmückten Ruten, die während der Frühlingsspaziergänge gesammelt wurden. Sie werden beim Umzug mitgetragen und auf der Spielwiese aufgestellt. Die Aufnahmen entstanden 1936 und 1938.

8
Memminger Fischertag

Seit Jahrhunderten wird das Bachwasser aus dem nahegelegenen Benninger Ried durch das Stadtgebiet geleitet. Der Bach trieb bis ins 20. Jahrhundert zahlreiche Mühlen inner- und außerhalb der Stadtmauern an. Aus der Notwendigkeit des Bachreinigens und dem Brauch des vorherigen Ausfischens entwickelte sich im letzten Drittel des 19. Jahrhunderts der Fischertag, der bis heute fortbesteht, auch wenn der Stadtbach seine ursprünglichen Funktionen als Energiequelle und Abwasserkanal längst verloren hat. Die um 1891 entstandene Aufnahme zeigt Fischer mit ihren „Bären" am Kuhberg.

Am frühen Morgen des Fischertages ziehen die Memminger Burschen zum Schrannenplatz, wo der Oberfischer humorvoll auf besondere Ereignisse des vergangenen Jahres zurückblickt. Punkt 8 Uhr „jucken" die Fischer in den Bach; mit viel Geschick oder Glück wird beim Krönungsfrühschoppen derjenige zum Fischerkönig erhoben, dem die schwerste Forelle ins Netz geschlüpft ist.

Mit großem Aufwand war vor allem der Umzug verbunden, der den Fischertag am Abend beschloss. In ihm wurde der Geschichte der Stadt und ihrer Symbole in besonderer Form gedacht – hier Wagen mit Modellen von Stadttoren und Rathaus.

Ein Schwerpunkt des Festzuges war die Darstellung verschiedener Stationen der Memminger Stadtgeschichte – darunter der mehrwöchige Aufenthalt Albrecht von Wallensteins 1630 in der Reichsstadt Memmingen. Die Aufnahmen stammen aus dem Jahre 1900, als eine städtische Kommission den Fischertag mit großem Aufwand organisierte. Die Präsentation von Bildern und Ereignissen aus der reichhaltigen Stadtgeschichte ging auf Ideen des Memminger Altertumsvereins zurück.

War es in Mittelalter und Früher Neuzeit die Aufgabe von Zunftangehörigen, den Bach zu reinigen, so übernahmen ab dem 18. Jahrhundert Bedienstete des Werkhauses dieses „schmotzige" Geschäft. Nicht nur aus den Kehlen der Schmotz-Gruppe schallte der Spruch des Fischertages: „Schmotz, Schmotz, Dreck auf Dreck, Schellakönig, wüaschta Sau".

Nach dem erfolgreichen Fischertag des Jahres 1900 wurde zur Organisation der künftigen Feste ein Fischertagsverein gegründet. Als Kronprinz Ludwig von Bayern vom 22. bis 24. August 1905 Memmingen besuchte, konnte die Durchführung des Fischertages nochmals und bedeutend verbessert werden. Die Straßen der Stadt waren prächtig geschmückt – unter anderem mit einem großen Ehrenbogen in der Maximilianstraße gegenüber dem Bahnhofsgebäude.

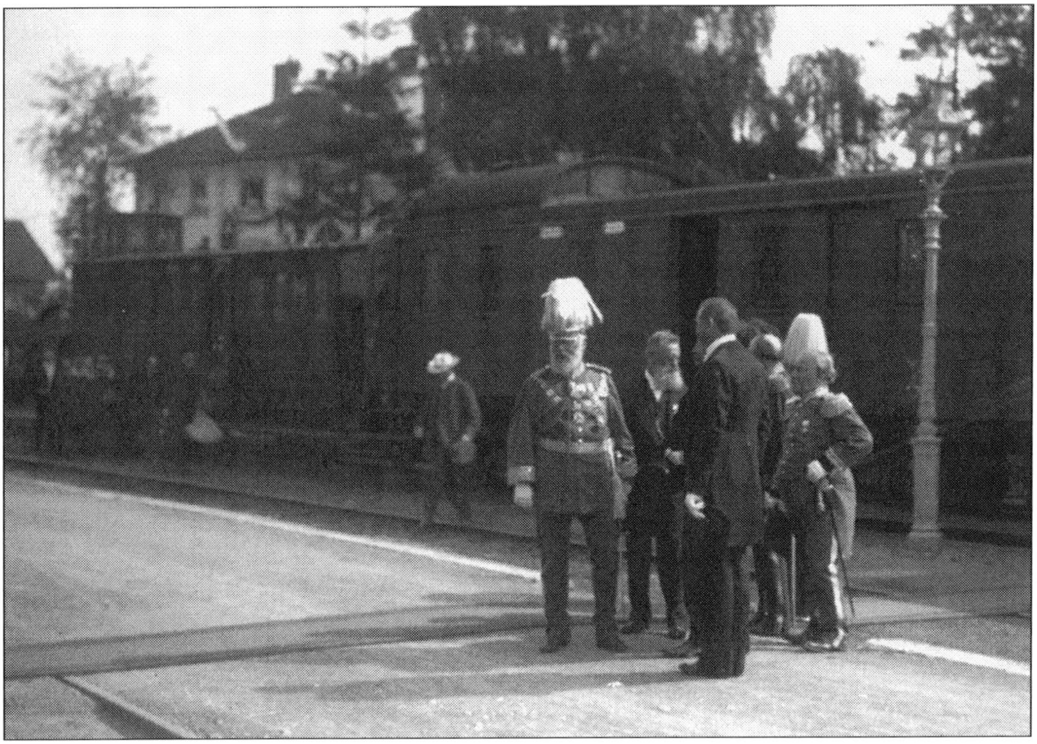

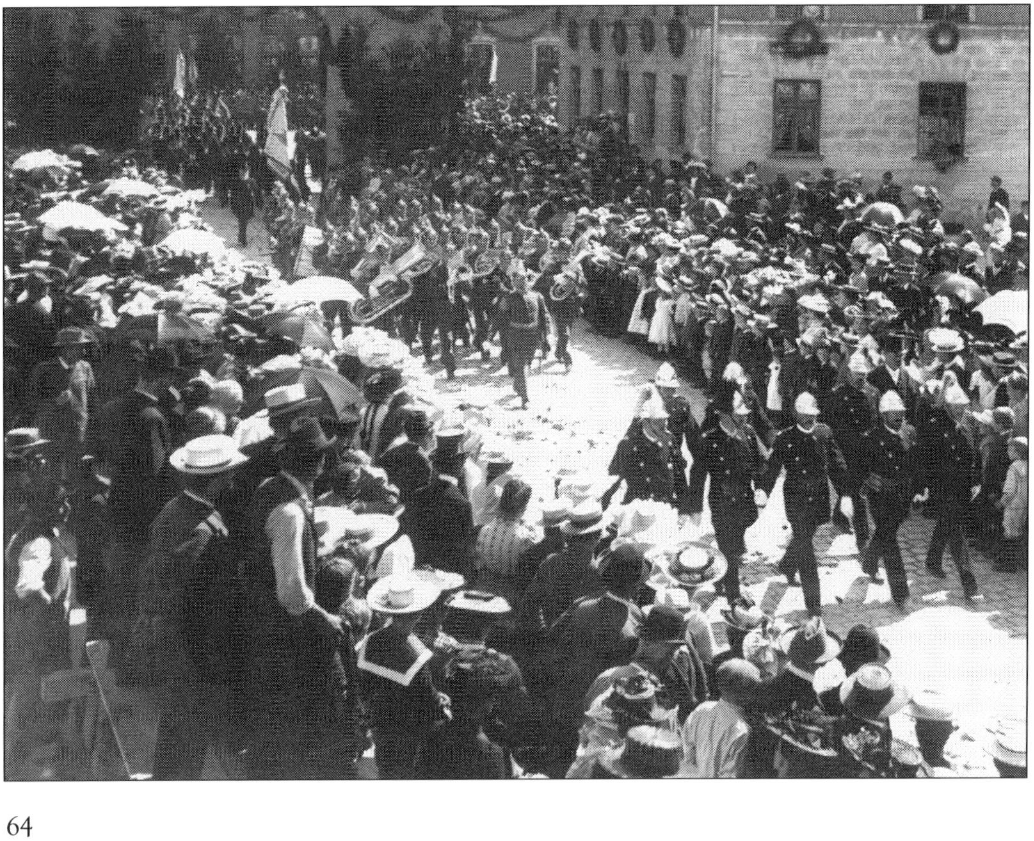

Noch am Bahnsteig wurde Kronprinz Ludwig von den Vertretern der königlichen Behörden einschließlich des Stadtmagistrats begrüßt. Anschließend erfolgte die Fahrt mit Gefolge durch die Maximilianstraße zum frisch renovierten Theatergebäude mit seiner neubarocken Fassade.

Zu Ehren des Kronprinzen führten Memminger Laienschauspieler das Theaterstück „Kaiser Maximilian in Memmingen" auf. Das von Bernhard Hofmann verfasste Schauspiel schildert in großer dichterischer Freiheit den Besuch des Kaisers zu Beginn des 16. Jahrhunderts in der Reichsstadt. Die Handlung kreist um den Streit zwischen Städten und Adeligen, um das Selbstbewusstsein der Zünfte und die Unzufriedenheit der Bauern.

Schlechtes Wetter begleitete das Ausfischen des Stadtbaches am 23. August 1905, das Kronprinz Ludwig vom Erker des jüdischen Bankhauses Heinrich Mayer, Inhaber Albrecht Gerstle, aus mitverfolgte.

Vor dem Ausfischen des Baches zogen die Fischer über den Marktplatz, wo vor dem noch unbemalten Steuerhaus eine Ehrentribüne für den Fischerumzug vorbereitet war.

An der Spitze des großen Umzuges fuhr der Wagen des Fischerkönigs, auf einem Birkenthron vor einem Stück Stadtmauer sitzend – hier am Weinmarkt vor dem „Colosseum", einem Versammlungssaal der Schiffbrauerei neben dem ebenso festlich geschmückten Weinhaus Knöringer.

Wie schon 1900 folgte ein aufwändig gestalteter Rückblick in Memmingens Geschichte, beginnend mit einer „schwäbische Sippe" oder „Germanengruppe" unter Anführung des imaginären „Mammo".

Den weiteren Stationen (Welf VI. etc.) folgte – hier vor dem Zollerhaus am Marktplatz – ein mit bayerischen Farben geschmückter Festwagen, der die Huldigung Memmingens (in Gestalt der Bürgermeistertochter) gegenüber dem Haus Wittelsbach bzw. dem Königreich Bayern symbolisierte.

In der Abfolge der stadtgeschichtlichen Abteilungen marschierte Kaiser Maximilian I. in Begleitung von Edelleuten und Landsknechten durch die Waldhornstraße.

Gegen Ende des Festzuges fuhr ein Wagen mit dem „Memminger Mau". Auf ihm gelangte die Anekdote zur Aufführung, wie einst Memminger Ratsherren versuchten, den sich in einem Wasserzuber spiegelnden Mond herauszufischen.

Ein bemerkenswerter mit den Wappen von Königreich Bayern und Stadt Memmingen, aber auch den Handwerkszeichen geschmückter Gewerbewagen führte in Memmingens alte Handwerksberufe ein. Auf dem Dach des Wagens ruhen – Göttinnen gleich – zwei Frauengestalten.

Die Darstellung einer Biedermeierhochzeit – hier in der Lindauer Straße aufgestellt – entführte die Zuschauer des Festzuges in die ersten Jahrzehnte des 19. Jahrhunderts.

Im Rahmen des Fischertages fand in der Schrannenhalle eine Fischerei-ausstellung statt, die die Besucher umfassend in das Fischereiwesen einführte.

Nach den schweren Jahren des Ersten Weltkrieges und der Inflationszeit fand 1925 erstmals wieder ein Großer Fischertag statt. Wie gewohnt versammelten sich die Fischer am Morgen des Fischertages …

… um anschließend den Stadtbach – hier an der Frauenmühle – auszufischen.

Der Aufenthalt von Generalissimus Albrecht von Wallenstein erfuhr 1925 eine besondere Aufwertung. In einem aufwändig ausgestatteten Festzug stolzierten Edelleute durch die Straßen der Stadt – hier am Roßmarkt –, ...

... wurden militärische Einheiten des Dreißigjährigen Krieges nachgestellt: Armbrustschützen, ...

... Fußsoldaten, ...

... Reiter und ...

… Artillerie (in der Ulmer Straße).

Den Höhepunkt bildeten die feierliche Huldigung des reichsstädtischen Rates und die Übergabe der Stadtschlüssel an den Generalissimus auf einer vor der Großzunft aufgestellten Bühne.

9

Prozessionen, Umzüge und Feste

Die Integration Memmingens in das Königreich Bayern fand ihren sichtbaren Ausdruck in den verschiedenen Feierlichkeiten zu Ehren des Königlichen Hauses und in der regelmäßigen Präsentation und Verleihung von Verfassungsmedaillen. Bevölkerung und Honoratioren waren zu Gottesdiensten und Empfängen eingeladen, hier vor der 1878 erneuerten, mit einer Büste des Königs geschmückten Rathausfassade.

Mit der Mediatisierung der Reichsstadt 1802 endete die konfessionelle Einheit der Memminger Bürgerschaft. Waren bislang nur die Mitglieder und Bediensteten von drei Klöstern innerhalb der reichsstädtischen Mauern Anhänger des katholischen Glaubens, zogen nun Menschen aus dem (katholischen) Umland und Bedienstete der neuen bayerischen Behörden nach Memmingen. Zum ersten sichtbaren Zeichen des konfessionellen Wandels wurde die jährliche Fronleichnamsprozession.

Bei winterlicher Wetterlage schlängelte sich 1910 ein Fasnachtszug durch die schneebedeckten Straßen Memmingens – hier bewegt er sich gerade durch die Weberstraße.

Bereits 1857 ist ein Maskenzug chronikalisch erwähnt, den Kaufleute und Gewerbetreibende organisierten. Als Veranstalter von Bällen und Umzügen werden in den folgenden Jahren Lesegesellschaft, Liederkranz oder Turnverein genannt. Welcher Verein für den Umzug des Jahres 1910 verantwortlich war, ist nicht bekannt.

Die wohl 1891 erstellte Aufnahme auf der linken Seite zeigt einen Turnerumzug am 1864 errichteten Bauhof bzw. Feuergerätehaus am Ratzengraben (links). Aus der Turnerschaft war 1860 Memmingens erste Feuerwehr hervorgegangen. Diese stellte in regelmäßigen Feuerübungen – unten: vor dem ehemaligen Weberzunfthaus am Weinmarkt – und Feuerschauen – rechts: am Westertorplatz mit der Flachvilla im Hintergrund – ihr Können unter Beweis.

Vor ihrer Vereinsfahne präsentieren sich Mitglieder des Männergesangvereins „Harmonia". Aufnahme aus den ersten Jahren des 20. Jahrhunderts.

Unterhalb des Bismarckturmes und weit vor den Toren der Stadt entstand 1929 ein großräumiger Volks- und Sportpark mit Stadion und Festhalle. Das Gelände stadteinwärts bis zur neuen katholischen Kirche St. Josef wurde in den folgenden Jahrzehnten (vor und nach dem Zweiten Weltkrieg) zum bevorzugten Siedlungsgebiet der Stadt – gegliedert durch den Generalbaulinienplan des Münchner Städteplaners Theodor Fischer.

Zur Einweihung der Festhalle am neuen Volkspark lud die Stadt zu einem Schwäbisch-Bayerischen Sängerfest ein. Hunderte Sängerinnen und Sänger fanden sich im Juli 1929 zum gemeinsamen Gesang ein.

Abschließender Programmpunkt des Sängerfestes war ein teils motorisierter Umzug durch die Straßen der Stadt – hier in der Maximilianstraße (oben) und am „Kräutlmarkt" mit dem Marktplatz im Hintergrund (unten).

Sportlich wurde das neue Sportareal 1929 durch ein Schwäbisch-Bayerisches Bezirksturnfest eröffnet. Zwei Jahre später sorgte ein bayerisches Frauenturnfest für großes Aufsehen, da es den sittlichen Empfindungen einiger Besucher widersprach, dass Frauen sich in dieser Kleidung, Art und Weise zum sportlichen Wettkampf trafen.

Mitten im Ersten Weltkrieg stürzte der junge Fliegerleutnant Max Mulzer auf einem Probeflug über Frankreich ab. Der erst wenige Wochen zuvor mit dem „Pour le Mérite" ausgezeichneten Memminger wurde am 3. Oktober 1916 auf dem Alten Friedhof unter militärischen Ehren beigesetzt. Nach Kriegsende bettete man den Leichnam Mulzers in den neuen Waldfriedhof um, wo sein Grab den Mittelpunkt eines Gefallenen-Ehrenhains bildet.

10

Feiern und Umzüge
in Diktatur und Krieg

Als Reichspräsident Paul von Hindenburg 1934 starb, wurde auf dem Marktplatz eine Trauerfeier inszeniert. Vor der Großzunft war unter dem Bildnis des Verstorbenen eine Ehrenwache
aufgestellt.

Uniformierte Gruppierungen von NSDAP, SA und Militär prägten und umrahmten die Trauerfeier.

Seit Jahrzehnten hatte sich die Stadt um eine Garnison bemüht. Im Zuge der Aufrüstung der Reichswehr wurde Memmingen 1935 Sitz eines Wehrbereichskommandos. Nur vorübergehend bezog ein Ersatzbataillon 1935/36 die am Hühnerberg errichtete SA-Sportschule. Die Aufnahmen zeigen den Empfang des Bataillons am Marktplatz.

In Erinnerung an frühere Kriege fanden in der Zeit des Nationalsozialismus „Heldengedenkfeiern"

Im Zweiten Weltkrieg waren Memmingen und der benachbarte Fliegerhorst Memmingerberg mehrfach Ziele alliierter Bombardements. Große Schäden und Opfer verursachten vor allem

statt, hier 1936 am Hallhof vor dem Kriegerdenkmal für die 1870 gefallenen Memminger.

schwere Luftangriffe im Juli 1944. Die beiden Aufnahmen zeigen die Trauerfeier für die getöteten Soldaten und Bürger auf dem Waldfriedhof.

Große Teile der Altstadt blieben 1944/45 vor Bombardierungen verschont. Schwer getroffen wurden jedoch vor allem einige Bereiche östlich und westlich des Bahnhofes. Ein Blick von der Frauenkirche dokumentiert das schreckliche Ende des Zweiten Weltkrieges kurz nach dem schweren Luftangriff am 20. April 1945: Hinter der ausgebrannten Frauenmühle sind inmitten des historischen Gerberviertels die Überreste eines der Memminger Wahrzeichen, des Sieben-dächerhauses, zu erkennen. Nach dem letzten Bombardement waren mehr als 600 Tote zu bekla-gen, 300 Wohnungen zerstört und fast 1.000 Wohnungen schwer beschädigt.

Am 26. April 1945 besetzten US-amerikanische Truppen die Stadt. Noch am gleichen Tag wurden die Tore des überfüllten „Stalag VII B" am Hühnerberg geöffnet, Kriegsgefangene und Zwangsarbeiter befreit. Nur allmählich normalisierte sich das städtische Leben – hier auf dem Memminger Marktplatz – wieder.

Die Heimat entdecken!

Von Kiel bis Wien, von Aachen bis Görlitz: Entdecken Sie Alltagsgeschichten aus Ihrer Heimatstadt!

Leben in der Großstadt …

Tauchen Sie ein in das quirlige Großstadtleben vergangener Tage. Spazieren Sie über breite Boulevards und stürzen Sie sich ins Nachtleben. Erkunden Sie ihre Stadt durch die Fensterscheiben einer Straßenbahn oder des ersten Käfers und bewundern Sie prächtig geschmückte Schaufenster.

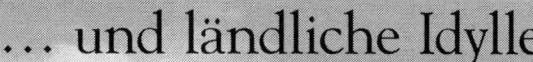

... und ländliche Idylle

Wie sah das Leben in Ihrer Heimat aus, als die Bauern noch mit Pferden pflügten und jedes Dorf seinen eigenen Schmied hatte, jeder noch jeden kannte und das Leben sich zwischen Kirche, Wirtshaus und Wohnküche abspielte?

www.suttonverlag.de

Erinnerungen an die Schulzeit …

Erinnern Sie sich noch an die Zeiten von Abakus und Schiefertafel, an Klassenausflüge oder den ersten Taschenrechner? Blicken Sie zurück auf große Klassen und gestrenge Schulmeister, entdecken Sie auf Klassenfotos Freunde und Bekannte von früher!

... und das Arbeitsleben

Entdecken Sie, wie sich das Arbeitsleben in den letzten hundert Jahren verändert hat. Werfen Sie einen Blick in Fabrikhallen, blicken Sie Handwerksmeistern bei ihrer Arbeit über die Schulter und erinnern Sie sich an den Einkauf im Tante-Emma-Laden.

Gesellige Stunden im Verein …

Fußballclub und Schützenverein, Musikkapelle und Gesellenverein: Schauen Sie zurück auf Volksfeste und Turniere, Chorproben oder Prunksitzungen. Erinnern Sie sich an schöne Stunden und das gesellschaftliche Leben in Ihrer Heimat.

… und im Familienkreis

Werfen Sie einen Blick in die Wohnzimmer vergangener Tage und entdecken Sie, wie sich zwischen schweren Eichenmöbeln, Nierentischen und Ikea-Regalen der Alltag verändert hat. Erleben Sie Familienfeiern und Weihnachtsfeste im Wandel der Jahrzehnte mit.

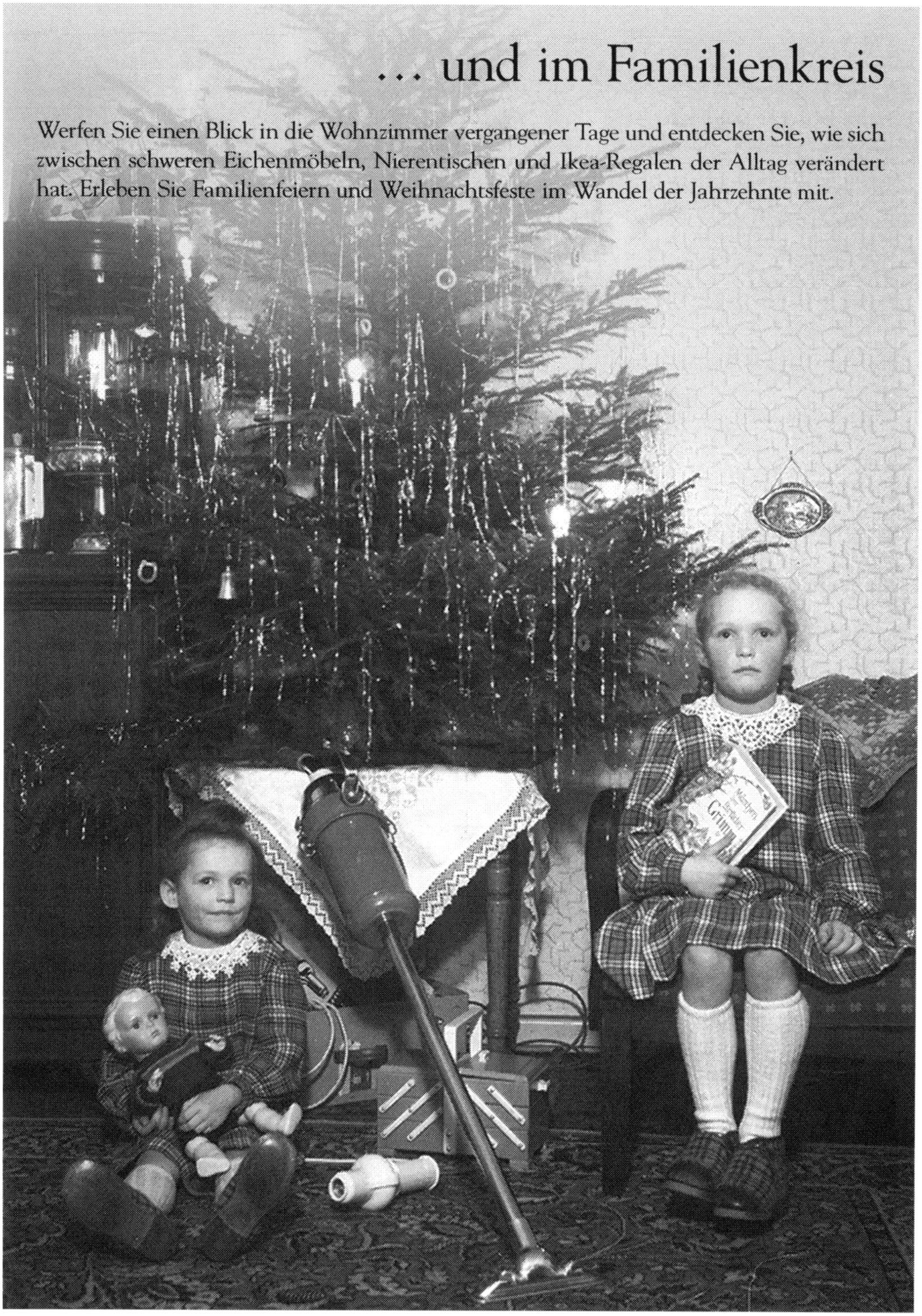

www.suttonverlag.de

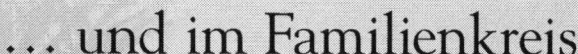

Alltagsgeschichte in historischen Fotos zu über 1000 Regionen, Städten und Gemeinden

Bestellen Sie jetzt
Ihr persönliches Exemplar auf

www.suttonverlag.de

Zeitfracht Medien GmbH
Ferdinand-Jühlke-Straße 7,
99095 - DE, Erfurt
produktsicherheit@zeitfracht.de

Druck:
CPI Druckdienstleistungen GmbH
im Auftrag der
Zeitfracht Medien GmbH
Ein Unternehmen der Zeitfracht - Gruppe
Ferdinand-Jühlke-Str. 7
99095 Erfurt